Sempé

Quelques philosophes

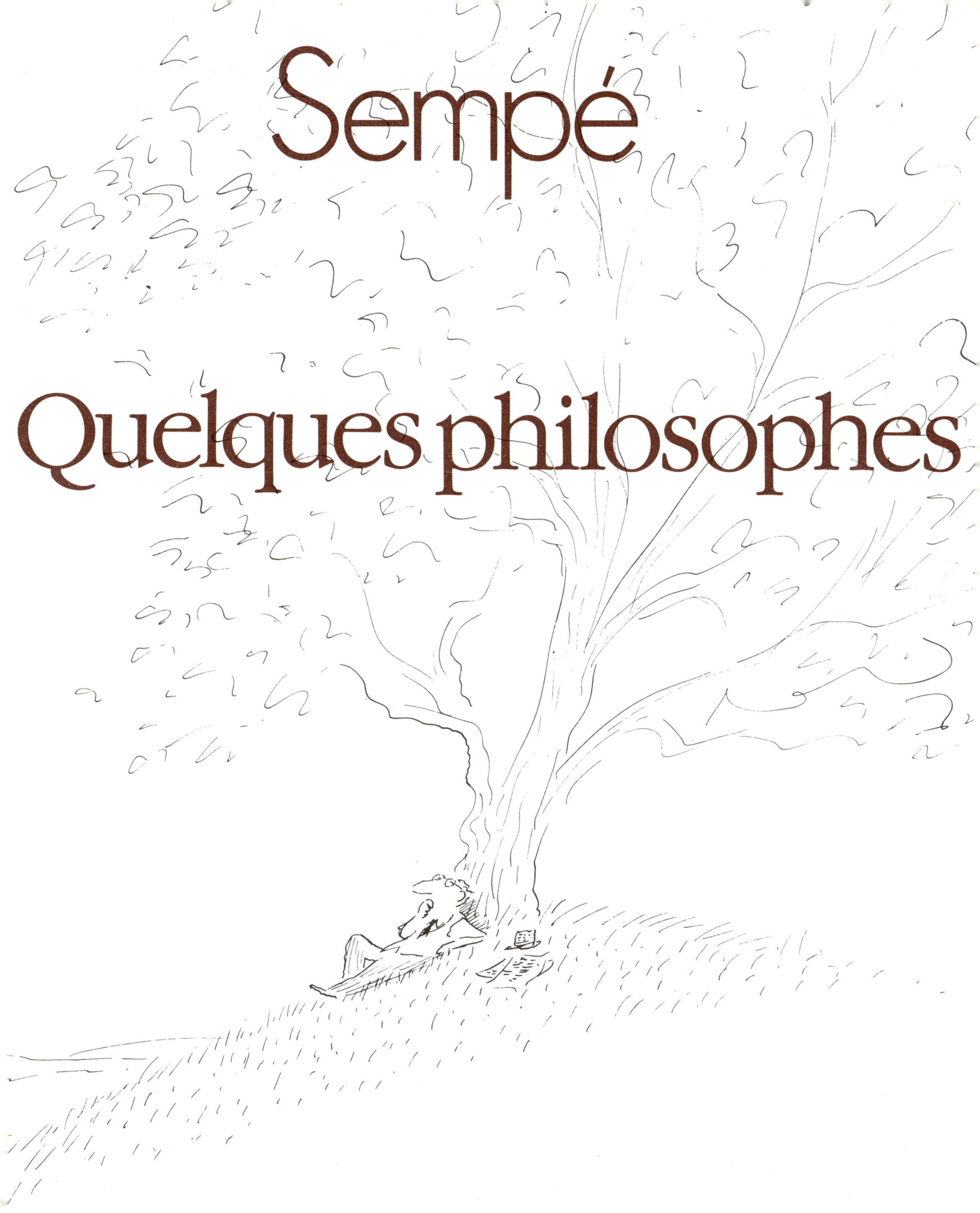

ISBN : 2.207.23011-2

— « *Quand je pense que ça va disparaître, ça, un jour !...* »

— Ça n'est pas tellement « D'où venons-nous, où allons-nous ? » qui est la question qui me préoccupe, mais plutôt : « Pour combien de temps ? »...

— On s'américanise de plus en plus...

– Le drame, en fait, c'est qu'il n'y a plus de sélection naturelle...

— *On se sent vraiment peu de choses...*

— Et alors se produira cette chose affreuse : la mort de l'Individu, l'absence totale de pensée personnelle...

— Les gens ne se rendent pas compte, mais ce sera la disparition de la Pensée, je veux dire que tout le monde pensera, dira, la même chose...

— Alors je dis non. Non ! Une société où tout le monde penserait et dirait la même chose, non.

— Je ne sais pas comment t'expliquer. En bref, ce sera la mort de la Pensée... C'est-à-dire que tout le monde pensera la même chose...

— En tant qu'Individualiste — l'individualisme a toujours été ma règle de vie — l'idée que la Pensée sera morte, je veux dire uniforme, me révolte.

— Tu ne te rends pas compte ! Ce sera la disparition de la Pensée, la mort de toute réflexion, toute idée personnelle...

— Heureusement, je ne connaîtrai pas ça. Imagine un peu : tout le monde dira et pensera la même chose... Finies l'originalité, la fantaisie...

— Je ne dis pas ça pour vous effrayer, d'ailleurs ni vous ni moi ne connaîtrons ça, mais essayez d'imaginer un monde où tout le monde pensera la même chose !

— Tout sera structuré, classé, répertorié. L'Homme disparaîtra en tant qu'Individu, et avec lui, toute pensée originale. Ça donnera un monde où les gens, croyant s'exprimer, diront en fait la même chose...

— Et c'est là que je pose la question : accepteriez-vous un monde où tout le monde dirait et penserait la même chose ?

— C'est une obsession. Si j'avais le temps, j'en ferais un bouquin. Je décrirais le monde de demain. Un monde où tout le monde pensera et dira la même chose...

— L'Individu en tant qu'Individu — et tu sais combien je suis attaché à l'idée de l'Individu — n'existera plus. Ce sera la disparition de toute réflexion, de toute pensée originale...

— Bien des notions disparaîtront, la plus grave : la notion de la Pensée individuelle, c'est-à-dire que les gens penseront de même. Essayez d'imaginer un monde où tout le monde dirait la même chose...

— Ce qui se passera, je n'en sais rien. Mais ce qui est certain — difficilement concevable, mais certain — c'est que la Pensée des gens sera uniformisée, et ils exprimeront évidemment les mêmes idées...

— On assistera à ce paradoxe : des êtres libres en apparence, mais pensant et disant la même chose !

— J'espère que vous ne verrez pas ça. Moi, en tout cas, je ne le verrai pas. Heureusement. Car un monde où tout le monde pensera la même chose, moi je n'aime pas ça !

— L'idée, la Pensée n'existeront plus. Je veux dire que l'Individu ayant disparu, les gens répéteront tous la même chose...

— Tu te rends compte de ce que ça donnera ! Des gens incapables de penser par eux-mêmes, pensant tous pareil, disant les mêmes trucs !

— Alors je dis « Halte-là ! » Un monde où la liberté de penser aura disparu, où tout le monde pensera et dira les mêmes choses... Non. Je n'en veux pas.

— J'ai fait ce livre par peur. Peur de demain. Peur d'un monde où tout le monde pensera la même chose...

– Ce qu'il faudrait, en fait, c'est une dé-mo-cra-ti-sa-tion de la démocratie.

– Finalement, contrairement à ce que l'on croit, ce n'est pas nous qui choisissons les femmes, mais bel et bien les femmes qui nous choisissent.

– Le drame, c'est que même mes extravagances sont ordinaires...

— Quand je suis déprimé, les raisons pour lesquelles je suis déprimé sont profondes, essentielles, fondamentales. Il m'arrive d'être heureux, bien sûr. Mais les raisons pour lesquelles je suis heureux sont si futiles, si ténues, que ça me déprime.

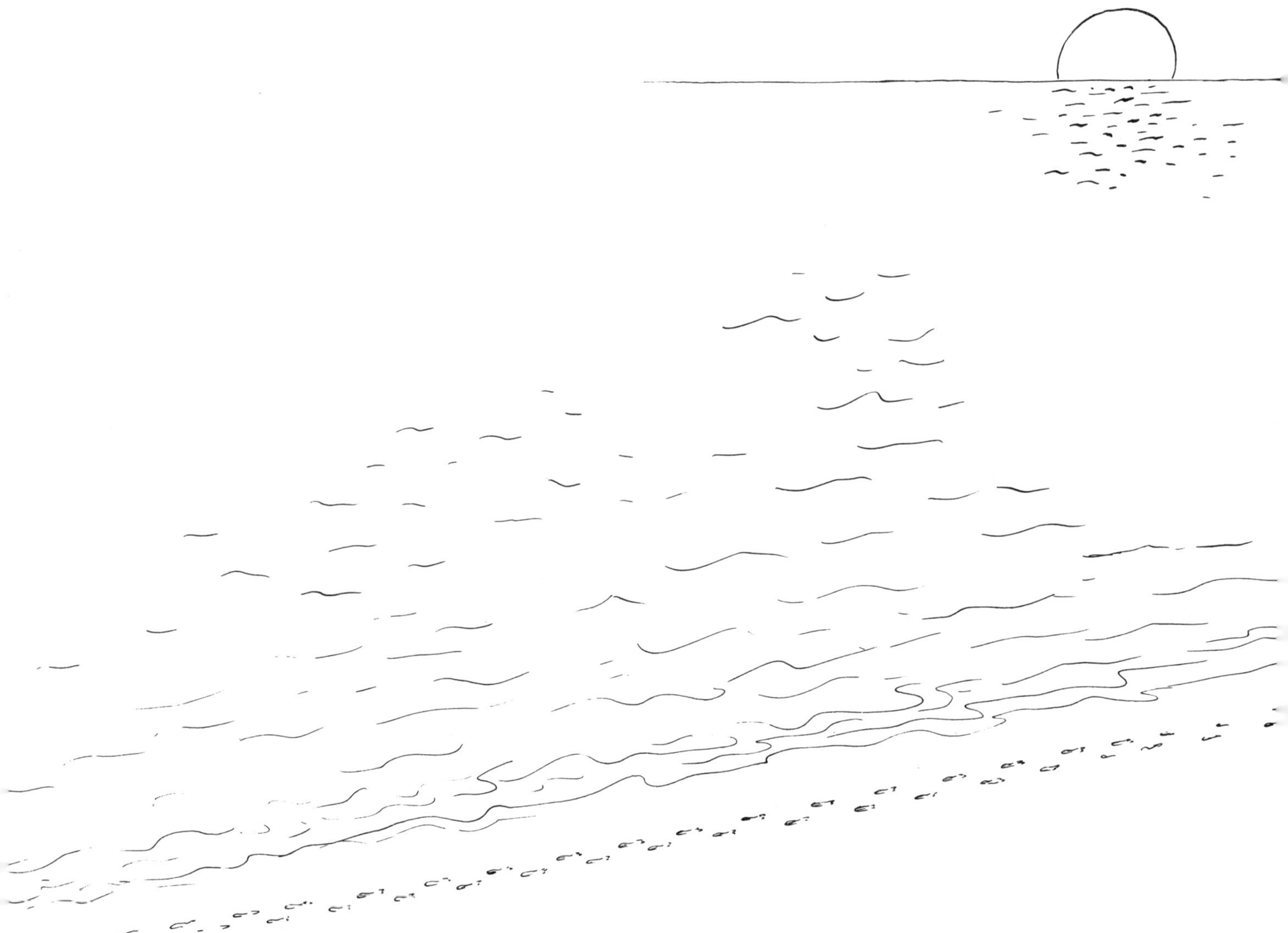

– « *J'ai essayé le christianisme… Puis le socialisme… Le marxisme… Maintenant, je vais essayer l'érotisme…* »

– Garde toujours ta lumineuse lucidité, Robert.

— « *En somme vous êtes un poids pour la société...* »

– En fait, Rolande, je ne suis qu'un immense point d'interrogation...

1

2

3

4

5

6

7

— Je regrette la petite chambre que j'occupais avant ; j'avais l'impression d'en savoir davantage...

— Colette, veux-tu écouter un instant mon rire énorme, Nietzschéen ?

— *Je voudrais hurler et je couine.*
Je voudrais mordre et je lèche.
Je voudrais déchirer et je caresse.
Par contre,
Je voudrais marcher et je galope tout le temps...

— Ce n'est pas de réaliser que je suis un salaud qui m'inquiète, c'est le fait qu'il y en a beaucoup...

– Je suis quand même un type qui aura distribué un certain nombre de torgnoles dans son existence...

1

2

3

4

5

6

7

8

9

10

11

12

sempé

– Rester simple, tout est là.

— *Je suis heureux, très heureux. Mais il faut que je m'arrête pour faire le point.*

— *Je vis, Marthe !, Je vis !...*

— Je veux que vous reteniez bien ceci : Ces gens-là sont malheureux. Ils sont malheureux parce qu'ils sont désespérés, et ils sont désespérés parce qu'ils s'ennuient.

— *J'avais trouvé, moi, un modèle de société vraiment idéale, mais j'ai abandonné l'idée : il n'y avait pas de place pour moi.*

— *Je suis un homme multidimensionnel étriqué.*

1

2

3

VIVEZ QUE DIABLE
VIVEZ QUE DIABLE
VIVEZ QUE DIABLE

4

VIVEZ QUE DIABLE
VIVEZ
VIVEZ

5

EUPHORYL
EN
FORME!
HOP!

— « *Pourtant Marthe, nous avons tout pour être heureux...* »

— J'aurais aimé être normal et avoir du génie.

Ces dessins sont extraits des albums de Sempé :

Rien n'est simple, 1962
Tout se complique, 1963
Sauve qui peut, 1964
Monsieur Lambert, 1965
La grande panique, 1966
St-Tropez, 1968
Des hauts et des bas, 1970
Face à face, 1972
Bonjour, bonsoir, 1974
Un léger décalage, 1977
Comme par hasard, 1981
De bon matin, 1983

Maquette et mise en pages de
Martine Gossieaux.

Ce volume
a été achevé d'imprimer
en avril 1984
sur les presses de l'Imprimerie du Marval
à Vitry-sur-Seine.

Numéro d'édition : 1747
Dépôt légal : Mai 1984